# Miguel, Mateo & Th...

## ¡Miguel, Mateo y El Pez Mágico!

written by / escrito por:  Lisa West

illustrated by / ilustrado por:  Theda DeRamus

translated into Spanish by / traducido al español por:  Rocio Guido

www.starhousebooks.com

ISBN 978-1479138906

Made In The USA

For my daughter, Alexandria.
Because you always want to know another story.
Para mi hija, Alejandría.
Porque siempre quieres saber otra historia.
~ Lisa

For my parents, Bobbie & Don DeRamus.
For always being there for me when I need you.
Para mis padres, Bobbie & Don DeRamus.
Por siempre estar ahí para mí cuando necesito usted.
~ Theda

The morning Miguel and his twin brother Mateo snuck off to go sailing, the sky was as blue as their mother's shawl. The smooth water lapped gently against the pier pilings as they stowed their lunch basket in their father's dinghy. "Miguel, I don't think we should do this," Mateo whispered anxiously, looking around the quiet Mayan fishing village. "Papa said never to go out on our own. What if--?"

"We won't get caught," said Miguel. "Everyone is at Grandpa's house trying to figure out where all the fish are. No one will even notice we're gone." He rowed the boat away from the dock. "Besides, think how happy Mami will be when we bring her home a big fish! And we'll be helping Grandpa!"

La mañana en que Miguel y su hermano gemelo Mateo se escaparon para salir en el bote, el cielo estaba tan azúl como el rebozo de su madre. El agua tranquila salpicaba suavemente los pilares del muelle mientras ellos guardaban la canasta de su almuerzo en el bote de su padre. "Miguel, yo pienso que no deberíamos hacerlo", susurró Mateo nervioso, observando la pequeña aldea pesquera maya. "Papá nos ha dicho que nunca salgamos solos. ¿Qué pasa si...?"

"No nos van a descubrir," dijo Miguel. "Todo el mundo está en la casa del abuelo tratando de averiguar a dónde se han ido los peces. Nadie se va a dar cuenta de que nos hemos ido". Y comenzó a remar alejándose del muelle. "Además, piensa en lo alegre que se pondrá mamá cuando le traigamos un pescado enorme. Y esto ayudará al abuelo".

Mateo thought about how hard life had become since the fishing had dried up. Each day the men of the village went out to sea. Each day they came back with smaller and smaller hauls. "Okay," he finally agreed. "But let's not go out past Jaguar Rock."

Miguel raised the sail like he'd seen his father do and fumbled clumsily with the lines until a breeze filled the canvas. The boat picked up speed and skipped across the bay. Ahead loomed Jaguar Rock, a tall spire of stone jutting straight out of the water. Long ago, someone had carved a large jaguar head on the side that faced the village. Not even the boys' grandfather, who was the ahau, or leader of the village, knew what it meant.

Mateo se quedó pensando en lo difícil que se había vuelto la vida desde que la pesca se había encarecido. Todos los días los hombres de la aldea salían a pescar y cada día regresaban con pesca. "Está bien", accedió por fin. "Pero no vayamos más allá de la Roca del Jaguar."

Miguel alzó la vela tal como le había visto hacer a su padre y manoseaba torpemente con las sogas hasta que la brisa inflara la vela. El bote comenzó a moverse más rápido, atravesando brincoteando la bahía. Adelante sobresalía la Roca del Jaguar, una espira de roca que salía del agua. Hace mucho tiempo alguien había esculpido la cabeza de un jaguar grande en la parte de la roca que daba hacia la aldea. Ni siquiera el abuelo de los niños, el ahau o líder del pueblo, conocía su significado.

As they approached the protecting arms of the bay, a strong current tugged at the dinghy, pulling them toward the open sea. "Miguel!" yelped Mateo. "You said we wouldn't go past Jaguar Rock!"

Miguel grinned. "We won't go much farther. What are you afraid of, chico?

Mateo drew himself up as tall as his ten-year old body could sit. "I'm NOT afraid! And don't call me little boy! I'm just as old as you are!"

"I'm twenty minutes older," his twin teased.

Mateo opened his mouth to reply. Suddenly, a strong gust of wind sent Miguel's hat flying over the water. Within minutes, the sky filled with sprawling, black clouds. The water around the boat glowed strangely, and the current yanked them toward the open sea, as if it had the boat on a string. "Turn us around!" Mateo cried.

Mientras que se acercaban a los brazos que protegían la bahía, una corriente fuerte jaló el bote y los arrastró hacia el mar abierto. "¡Miguel!" gritó Mateo. "Dijiste que no pasaríamos mas allá de la Roca del Jaguar!"

Miguel sonrió. "No iremos muy lejos. ¿A qué le temes, chico?"

Mateo se enderezó en su asiento tan alto como le permitía su cuerpo de diez años. "¡Yo NO tengo miedo! ¡Y no me digas chico! ¡Tengo la misma edad que tú!"

"Yo soy veinte minutos mayor que tú", bromeó su hermano gemelo.

Mateo abrió la boca para contestar. Repentinamente, un fuerte viento mandó volando el sombrero de Miguel sobre el agua. En sólo minutos, el cielo se llenaba de nubes negras. El agua alrededor del bote resplandecía de manera extraña, y la corriente los arrastró hacia el mar abierto, como si jalara el bote con un cordel. "¡Danos la vuelta!" exclamó Mateo.

They tugged at the sail with desperate hands, the ropes digging deep into their skin. The sail ripped away from the mast, flapping wildly. Terrified, they crouched low, gripping the sides of the boat as it spun and rocked violently in the angry sea. Cold water sloshed around their feet. The boys sobbed as a huge wave picked up the boat and carried it away from the bay at tremendous speed. "Help! Someone help us!" Miguel screamed over the fury of the wind, his voice cracking.

Jalaron la vela con sus manos desesperadas, la soga les lastimaba la piel. La vela se soltó del mástil, agitándose frenéticamente. Aterrados, los niños se agacharon, agarrándose de los lados del bote que se meneaba en el mar enfurecido. El agua fría les salpicaba los pies. Los niños lloraban mientras una ola inmensa levantó el bote y los llevó de la bahía a una gran velocidad. "¡Socorro! ¡Alguien ayúdennos!" gritó Miguel entre la furia del viento, su voz se quebrantaba.

As if Miguel's words had broken a spell, the wind stopped as suddenly as it began. The wave that had gripped their boat in its fist flattened out into a calm sea. The boys opened their eyes.

A small, unfamiliar beach lay enclosed in a mass of tangled jungle, the sand gleaming with the recent rain. Strange stone shapes rose out of the green leaves. Mateo's face fell as he looked around. "One of our oars is gone, and the wind ripped a huge hole in the sail! I told you we shouldn't have snuck off. No one even knows we're here!"

"The storm wasn't my fault!" Miguel said, hurt.

Como si las palabras de Miguel hubieran roto un hechizo, el viento dejó de soplar tan repentinamente como cuando empezó. La ola que había agarrado el bote entre sus puños se convirtió en un mar sereno. Los niños abrieron los ojos.

Una playa pequeña y desconocida se extendía en una masa de jungla enmarañada, la arena resplandecía con la lluvia reciente. Extrañas figuras de piedras se levantaban sobre las hojas verdes. La cara de Mateo se asombró cuando miró a su alrededor. "¡Uno de los remos se ha perdido y el viento hizo un gran hoyo en la vela! Te dije que no deberíamos de haber irnos a escondidas. ¡Nadie sabe dónde estamos!"

"La tormenta no fue mi culpa," dijo Miguel herido.

A voice startled them. "Hello boys."

The twins looked at each other. There was no other boat around. "Who was that?" Mateo whispered.

"Down here," the voice said. They peered over the edge of the boat. Stretched upon the waves like an eel was a marvelous fish. Gold and blue scales covered its body, and green feathery plumes grew from its head.

"Who - what are you?" Miguel gasped.

"Don't talk to it," Mateo urged. A talking fish? How could that be!

Una voz los sorprendió. "Hola, niños".

Los gemelos se miraron uno al otro. No había otro bote cerca. "¿Quién fue ese?" susurró Mateo.

"Aquí abajo", dijo la voz. Ellos se asomaron sobre el borde del bote. Estirado sobre las olas como una anguila se hallaba un pez maravilloso. Escamas doradas y azules cubrían su cuerpo, y esponjadas plumas verdes crecían de su cabeza.

"¿Quién – qué eres tu?" dijo Miguel sorprendido.

"No le hables", dijo Mateo. ¿Un pez que habla? ¿Cómo es posible?

The fish rolled over in the waves. "Long ago, I was a man with magical powers – the ahau of that ruined city in the jungle. We were arguing with the neighboring village, because they refused to come to our festival in honor of the great Jaguar God. One early morning they attacked us without warning. I tried to lead my people to the safety of the sea, but most of them panicked and ran into the jungle. I thought the rest were behind me, but I was alone when I reached the beach. I called to our god, Kukulcan, for help. As my feet touched the water, I changed into this. My people never returned and our city disappeared into the jungle."

"What do you want?" asked Miguel, avoiding his brother's eye. Mateo shook his head in warning.

The fish blew water through its gills. "You two are very special. Only twins have the power to overcome the magic that keeps me locked in this shape. I brought you here because I need your help."

El pez se volteó sobre las olas. "Mucho tiempo atrás, yo fui un hombre con poderes mágicos, el ahau de esa ciudad arruinada en la selva. Discutíamos con la aldea vecina porque ellos se negaban a venir a nuestro festival en honor del Dios Jaguar. Una mañana temprano nos atacaron sin aviso. Traté de llevar a mi pueblo a la seguridad del mar, pero la mayoría de ellos huyeron hacia la selva. Yo pensé que los otros estaban detrás de mí, pero estaba solo cuando llegué a la playa. Invoqué a nuestro dios, Kukulcán, para que me ayudara. A medida que mis pies tocaban el agua, me convertí en esto. Mi gente nunca volvió y nuestra ciudad desapareció en la selva."

"¿Qué quiere usted?" Preguntó Miguel, evitando mirar los ojos de su hermano. Mateo sacudió la cabeza como una advertencia.

El pez echó agua por las branquias. "Ustedes dos son muy especiales. Sólo los gemelos tienen el poder de vencer la magia que me tiene encerrado en esta forma. Los traje hasta aquí porque necesito su ayuda."

"What kind of help?" Miguel asked, as Mateo kicked at his ankle.

"I want to help my lost people. If you boys can find my carved jade ring, I will regain my powers," the fish said. "It's hidden on a pyramid deep in the jungle. Bring it to me and I will send you home safely. You must be quick, though. The forest is filled with magical stone creatures that ferociously protected our city. When the sun sets, these creatures come to life. If you're there after dark, you may not escape!"

"Miguel," Mateo insisted, "Mami' always says that if we get lost to stay put until someone finds us!"

Miguel thought about that for a minute. "Yes, but you said yourself that no one knows we're here. I'm going. You can stay here if you want." Mateo looked at the fish. He didn't want to be alone with it. Reluctantly, he agreed to go. The twins listened carefully to the fish's instructions. Then they beached the boat, grabbed their lunch and set off.

"¿Qué tipo de ayuda?" preguntó Miguel mientras Mateo le pateaba en el tobillo.

"Quiero ayudar a mi gente perdida. Si ustedes me ayudan a encontrar mi anillo de jade tallado, podré recobrar mis poderes", dijo el pez. "Está escondido en una pirámide en la profundidad de la selva. Tráiganmelo y los yo los enviaré a casa sanos y salvos. Pero deben actuar rápido. La selva está llena de criaturas de piedra mágicas que protegían ferozmente nuestra ciudad. Cuando baja el sol, esas criaturas vuelven a la vida. Si están ahí después que obscuresca, no podrán escapar".

"Miguel," insistió Mateo, "Mama siempre nos dijo que si nos perdíamos debíamos quedarnos en ese lugar hasta que nos encontraran".

Miguel lo pensó en eso por un minuto. "Sí, pero tú mismo has dicho que nadie sabe que estamos aquí. Yo me voy. Quédate aquí si tú quieres". Mateo miró al pez. No quería quedarse solo con él. A regañadientes, accedió a ir. Los gemelos escucharon cuidadosamente las instrucciones del pez. Vararon el bote, agarraron el almuerzo y se fueron.

The sun was high overhead, but it was cool inside the shadows of the jungle. The moist air smelled like moss and rotting leaves. The boys struggled through the thick growth of vines and trees, until finally they stumbled on the remains of an ancient road. Miguel tugged at his brother's arm. "Look, Teo!" Carved stone creatures loomed from the greenery; snakes, jaguars, and other monstrous things the boys could not name. These were the guardians the fish warned them about!

Mateo shuddered. "Let's hurry. I don't want to be here after dark!" He thought of his mother. She'd packed their lunch that day thinking her two sons were going to play with their cousins down at the beach. How worried she would be if she knew where they were!

El sol estaba alto, pero estaba fresco entre las sombras de la selva. El aire húmedo olía a musgo y a hojas podridas. Los niños batallaban a través de la grosura de enredaderas y de árboles, hasta que por fin se tropezaron con los restos de un camino antiguo. Miguel jaló el brazo de su hermano. "¡Mira, Teo!" Figuras de piedra se asomaban entre la vegetación; serpientes, jaguares y otras monstruosidades que los niños no podían nombrar. ¡Estos eran los guardianes que les había advertido el pez!

Mateo se estremeció. "¡Vamos a apurarnos! Yo no quiero estar aquí cuando oscurezca. Pensó en su madre. Ella les había preparado el almuerzo ese día pensando que sus hijos se iban a jugar con sus primos en la playa. ¡Cómo se preocuparía si supiera donde estaban!

The path opened at the foot of a massive, crumbling pyramid. It towered above them, the top disappearing through the trees. "This must be the place!" Miguel whispered excitedly.

The boys worked their way carefully up the loose rock pile at the base of the pyramid. The fish had said the ring lay hidden behind a special rock midway up one of the pyramid's sides. All they had to do was find it!

They climbed up, down, over and around. Soon they were exhausted, hot and filthy. Miguel had skinned knees, and Mateo's arm was scratched. "Let's rest," Mateo panted, sweat running down his face.

"Okay," Miguel agreed with relief. He was tired!

El camino se abrió al pie de una pirámide masiva que se derrumbaba. Se elevaba arriba de ellos, la punta desaparecía entre los árboles. "¡Este debe ser el lugar!" susurró Miguel emocionado.

Fueron caminando cautelosamente hasta la pila de rocas al pie de la pirámide. El pez había dicho que el anillo estaba escondido detrás de una roca especial al la mitad de la altura de un lado de la pirámide. ¡Sólo les faltaba encontrarlo!

Escalaron y bajaron, fueron por encima y alrededor. Pronto estaban agotados, sudorosos y sucios. Miguel se raspó las rodillas y el brazo de Mateo estaba rasguñado. "Vamos a descansar", Mateo jadeaba y el sudor le corría por la cara.

"Está bien", respondió Miguel con alivio. ¡Estaba cansado!

They sat on a flat ledge and ate their beans and tortillas, as the afternoon sunlight slanted through the jungle canopy. While they rested, deep shadows gathered under every rock and bush. Miguel's courage seeped away with the light. The excitement of their adventure had worn off. He'd never felt so far from home, so unprotected. If the fish was right and the stone creatures really did come to life... "Look how late it is!" he shivered. "Let's go back. We're wasting our time – we'll never find that ring!"

Mateo looked at his brother in surprise. Miguel was always so brave! Suddenly Mateo felt his own fear turn into something else. "We can't quit now! It's got be here somewhere." He stood up – too quickly. His foot slipped and he crashed down hard on the ledge below. "OWW!" he howled.

"~Teo, are you hurt?" Miguel jumped down to his brother.

Mateo rubbed his elbow. "I think I'm okay." He looked at the rock his foot had scraped clean of moss. "Look!" He leaned in closer. "Hey, doesn't that look a little like..."

Se sentaron en una repisa plana y comieron sus tortillas con frijoles mientras el sol de la tarde se metía entre el pabellón de la selva. Mientras descansaban, sombras profundas se juntaban bajo cada roca y cada arbusto. El valor de Miguel se extinguía como la luz. La emoción de la aventura se les había pasado. Nunca se había sentido tan lejos de casa, tan desprotegido. Si el pez tenía razón y las criaturas de piedra se volvían reales ... "¡Mira lo tarde que es!" temblaba con escalofrío. "Vamos a regresar. ¡Estamos perdiendo nuestro tiempo - nunca encontraremos ese anillo!"

Mateo miró a su hermano sorprendido. ¡Miguel siempre era tan valiente! De repente Mateo sintió que su miedo se transformaba en otra cosa. "¡No podemos parar ahora! Tiene que estar aquí en algún lugar". Se paró, demasiado rápido. Su pie se resbaló y el se estrelló muy duro en contra de un borde abajo. "¡AYYY! gritó.

"Teo, ¿estas lastimado?" Miguel saltó hacia abajo con su hermano.

Mateo se sobó el codo. "Creo que estoy bien". Miró a la piedra que con su pie le había limpiado el musgo. "¡Mira!" Se le acercó aún más. "Oye, no se le parece un poco a ..."

The exposed surface was carved with a jaguar head. "This is it!" Miguel cried eagerly, working at the stubborn rock with his fingers.

Mateo reached over and broke a thick branch off a nearby tree. "Let's use this for leverage."

"Okay," Miguel said.

Mateo felt along the edge of the rock with his fingers. "This feels like a good spot." He fit the stick into the small crack and pushed hard. The stone exploded in a shower of gravel and dust, leaving a dark hole.

Gingerly, Mateo reached in and pulled out a small packet. As he opened the cracked, folded leather, a jade ring gleamed in the sun's last rays. Its surface was carved with magic symbols, the inside worn smooth as glass. "Here it is!" he gasped.

La superficie expuesta tenía la cabeza de un jaguar tallada. "¡Esta es!" gritó Miguel entusiasmado, desenterrando con sus dedos a la terca piedra.

Mateo alcanzó y rompió una rama gruesa de un árbol cercano. "Usemos esto para tener ventaja".

"De acuerdo", repondió Miguel.

Mateo sintió alrededor de orilla de la piedra con sus dedos. "Esto me parece un buen lugar', dijo metiendo el palo en el pequeño agujero y empujando duro. La piedra explotó en una lluvia de arena y polvo, dejando un hueco oscuro.

Cuidadosamente, Mateo metió la mano y sacó un pequeño paquete. Al mismo tiempo en que abría el cuero doblado y arrugado, un anillo de jade resplandecía con los últimos rayos del sol. Su superficie estaba tallada con símbolos mágicos, la parte de adentro lisa como el vidrio. "¡Aquí está!" dijo fatigado.

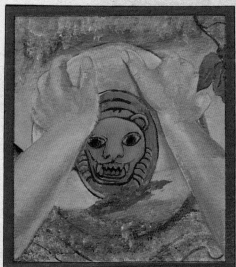

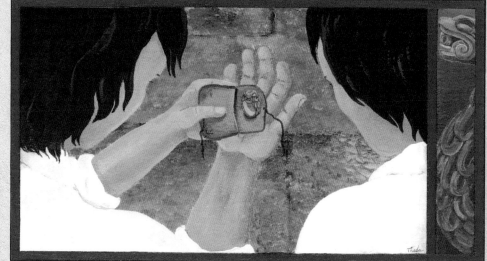

For a long moment both boys stared at the ring. Then Miguel glanced around. "It's getting dark," he said. "Let's go." Mateo nodded, rewrapped the ring and stuffed it in his pocket.

The boys scrambled down to the base of the pyramid. Barely any daylight remained, and the jungle's night noises were filling the air. Birds flew overhead, seeking safe shelter, and tree frogs croaked their eerie evening songs.

Mateo shivered. The carved figures they had passed before seemed to be lurking in every shadow, waiting to pounce. The brothers sped forward, trying to get out of the jungle before the darkness enclosed them completely. A strange crashing noise began behind them, woven through with odd squeaks and grunts and growls. Soft at first, it grew in volume until every leaf shook with it. "What's that?" Mateo gasped.

"Run!" Miguel shouted.

Por un largo rato ambos muchachos se quedaron mirando el anillo. Entonces Miguel miró alrededor. "Está oscureciendo", dijo. "Vámonos". Mateo asintió con la cabeza, envolvió el anillo y se lo metió en el bolsillo.

Los muchachos se deslizaron hacia abajo a la base de la pirámide. Ya quedaba muy poca luz del día y los sonidos nocturnos de la jungla llenaban el aire. Los pájaros volaban sobre sus cabezas, buscando refugio, y las ranas de árbol cantaban sus canciones extrañas en la noche.

Mateo titiritó. Las figuras talladas que habían pasado antes parecían acecharlos desde las sombras, listos a saltar. Los hermanos se echaron a correr tratando de salir de la selva antes de que anocheciera por completo. Un ruido estremecedor y extraño comenzó a oírse detrás de ellos, entretejido entre chillidos y gruñidos raros. Suave al principio, el ruido aumentó en volumen hasta hacer que cada hoja temblara con el. "¿Qué es eso?" preguntó Mateo agitado.

"¡Corre!" gritó Miguel.

With the awful sound in their ears, the boys raced back down the overgrown path. A jaguar roared in the bushes close behind them, and Miguel was certain he felt its hot breath on his back. He screamed and stumbled, a vine snagging his ankle.

Mateo grabbed his brother's arm, pulling him forward through the last of the undergrowth. Their feet touched the beach and they heaved the boat quickly into the water, threw themselves aboard, and paddled frantically out to sea.

When they were clear of the breakers, they stared back at the shore in horror. Terrible stone creatures prowled the beach, growling and gnashing their teeth. They had barely escaped!

Con el sonido horrible en sus oídos, los muchachos se apresuraron hacia el camino de maleza. Un jaguar rugió entre los arbustos cerca atrás de ellos, y Miguel estaba seguro que el había sentido su aliento caliente en la espalda. El gritó y se tropezó, una enredadera se enmarañaba con su tobillo.

Mateo agarró el brazo de su hermano, llevándolo hacia adelante hasta el final de la maleza. Sus pies tocaron la playa y ellos jalaron el bote al agua, se echaron a bordo del bote y remaron frenéticamente hacia mar adentro.

Cuando se encontraban fuera del oleaje, miraron hacia la playa con horror. Terribles figuras de piedra rondaban por la playa, gruñendo y rechinando los dientes. ¡Apenas lograron escapar!

A familiar voice burbled alongside the boat, soothing the frightened twins. "You two were gone a long time. I was starting to worry." The fish peered up from the waves. "Did you find it?"

"Here." Mateo held the ring out, and the fish snapped it up. As he swallowed it, a wave of golden light washed over him.

"I can feel my magic returning!" He jumped gleefully out of the water and with a flick of his tail flipped over the boat, disappearing under the waves.

A long moment passed, broken only by the sound of water lapping against the side of the boat. Mateo looked at his brother, his face troubled. "Do you think he'll come back?"

Una voz familiar burbujeó al lado del bote, calmando a los aterrados gemelos. "Ustedes dos se fueron por mucho tiempo. Ya empezaba a preocuparme." El pez los observaba de entre las olas. "¿Lo encontraron?"

"Mira". Mateo le mostró el anillo y el pez se lo arrebató. A medida que se lo tragaba, una ola de luz dorada lo iluminaba.

"¡Puedo sentir que mi magia regresa!" Saltó alegremente fuera del agua y con una sacudida de su cola brincó por arriba del bote, desapareciendo bajo las olas.

Pasó un largo rato, interrumpido sólo por el sonido del agua pegando contra el lado del bote. Mateo miró a su hermano, su cara preocupada. "¿Piensas que el volverá?"

Before Miguel could answer, the fish popped his head up. In his mouth was a small bone, which he laid in Mateo's palm. He looked in the boy's eyes. "You are the grandson of the ahau of your village," he said, "from a long line of ahaus. You proved today that you have courage, and that you are willing to listen to the wisdom of your forefathers. That bone is my gift to you. With it, you will always catch fish. But keep it hidden. It's magic will fade if the secret is known to all."

The fish looked at Miguel. "You must help your brother keep this great secret. " He closed his eyes. "Now I will send you home." He began to hum. As the sound grew, he glowed brighter and brighter, until soon the boys couldn't look at him.

Antes de que Miguel pudiera contestar, el pez asomó su cabeza. En la boca tenía un pequeño hueso, el cual puso en la palma de Mateo. El miró en los ojos del muchacho. "Tú eres el nieto del ahau de tu pueblo", le dijo. "Demostraste hoy que tienes valor y que estas dispuesto a escuchar la sabiduría de tus ancestros. Este hueso es mi regalo para ti. Con él, tu siempre tendrás buena pesca. Pero mantenlo escondido. La magia se desvanecerá si el secreto se sabe".

El pez miró a Miguel. "Debes ayudar a tu hermano a guardar este gran secreto". El cerró los ojos. "Ahora los mandaré a casa." Empezó a tatarear. A medida que crecía el sonido, el brillaba mas y mas, hasta que pronto los muchachos no pudieron mirarlo.

The boat glided slowly and smoothly upon the glassy sea, carried homeward on a strange magic current. Its wake sparkled with shimmering plankton, and the stars glittering in the sky reflected in the moonlit water. The twins felt like they were flying through space. They were quiet for a long time before Miguel broke the silence, his voice quiet. "Teo, I'm glad… I mean, I'm sorry. You were right about not sneaking off. And, you saved me in the jungle. I'm glad the fish gave you the charm."

Mateo squeezed his brother's hand. "If you hadn't been willing to break the rules, we wouldn't have the charm." He paused thoughtfully. "You know, the carving on the pyramid was so familiar…"

El bote se deslizaba despacio sobre el mar reluciente, llevándolos hacia casa en una extraña corriente mágica. Su oleaje brillaba plancton resplandeciente, y las estrellas resplandecían en el cielo y se reflejaban en el agua iluminada con luz de luna. Los gemelos sentían que estaban volando por el espacio. Se quedaron callados por largo tiempo hasta que Miguel rompió el silencio, su voz era tranquila. "Teo, me alegro … digo, lo siento. Tú tenías razón acerca de irnos a escondidas. Y fuiste tú quien me salvó en la selva. Me alegro que el pez te haya dado a ti el amuleto".

Mateo le apretó la mano a su hermano. "Si no hubieras estado dispuesto a romper las reglas, no tendríamos el amuleto". Pausó pensativamente. "Tú sabes, los tallados en esa pirámide eran tan familiares…"

The boys reached Jaguar Rock as the sun peeped over the horizon. The small bay was covered with boats, each with a lantern tied to the mast. Villagers crowded the boats and the beach, calling out, "Miguel! Mateo!" They had searched all night for the missing boys. Mami stood on the shore, wiping her tears with her apron.

A shout went up as the brothers were spotted by the searching villagers, and everyone cheered. The boys were towed to the pier, and soon they were surrounded by the entire village.

Los niños llegaron a la Roca del Jaguar mientras el sol se asomaba en el horizonte. La pequeña bahía estaba llena de botes, cada uno con una linterna atada al mástil. La gente del pueblo llenaba los botes y la playa gritando "¡Miguel! ¡Mateo!" Ellos habían pasado la noche buscando a los muchachos perdidos. Mami estaba parada en la playa, secándose las lágrimas con el delantal.

Se oyó un grito de alegría cuando los gemelos fueron vistos por la gente del pueblo que los buscaba, y todos gritaron de alegría. Los muchachos fueron empujados hacia el embarcadero y pronto se vieron rodeados por todo el pueblo.

They shared their adventure, leaving out only the magic bone. As Mateo told about finding the ring in the pyramid, a shaft of morning sun struck the face of Jaguar Rock, highlighting the ancient carving. He sucked in his breath. That's why the ring's hiding place had been so familiar!

Just then, Grandfather stepped forward. "My great-grandfather told me that long ago our ancestors lived in a beautiful city and were ruled by a powerful magician king. One day we were driven out of our city, and our king vanished. We ended up here, and became fishermen. You boys have discovered our old homeland!"

From that day on, Miguel and Mateo fished with the men. Mateo always took the magic fishbone with them, and their nets overflowed with fish. The boys had many other adventures, but those are stories for another day.

Ellos compartieron su aventura, sin mencionar lo del hueso mágico. Mientras Mateo contaba sobre cómo encontraron el anillo en la pirámide, el resplandor del sol de la mañana reflejaba la cara de la Roca del Jaguar iluminando el antiguo labrado. Se aguantó la respiración. ¡Era por eso que el escondite del anillo le parecía tan familiar!

En ese momento, el abuelo dio un paso adelante. "Mi bisabuelo me dijo que hace mucho tiempo nuestros ancestros vivieron en una bella ciudad y fueron gobernados por un rey mago muy poderoso. "Un día nos echaron de la ciudad", "y nuestro rey desapareció. Vinimos aquí y nos convertimos en pescadores. ¡Ustedes han descubierto nuestro antiguo hogar!"

Desde ese día, Miguel y Mateo pescaban con los hombres. Mateo siempre llevaba el hueso mágico con el y sus redes se rebosaban de pescados. Los niños tuvieron muchas otras aventuras, pero esos cuentos son para otro día.

# Glossary of Mayan Mythological Elements

Though "Miguel, Mateo and the Magic Fish" is an original story, it contains elements of Mayan mythology. These elements are defined below:

TWINS: Twins were considered magical in many ancient cultures. In the Mayan Creation Story, Polpol Vuh, the "Hero Twins", Xbalanque and Hunahpu, had supernatural powers and were successful in defeating the gods of the underworld after a series of grueling challenges. Following their victory, they went up to the sky and became the Sun and the Moon.

GEMELOS: Los gemelos son considerados seres mágicos en muchas culturas. En la historia de la creación Maya los "héroes gemelos", Xbalanque and Hanahpu, tenían poderes sobrenaturales y derrotaron a los dioses del inframundo después de una serie de retos agotadores. Después de su victoria, se fueron al cielo y se transformaron en el sol y la luna.

MAGIC FISH: The Mayans believed a feathered serpent god of air and water named "Kulkulcan" (also called Quetzlcoatl, in other cultures) reigned on Earth in the shape of a man. He was the god of wind and thunderstorms, and he came from the sea and disappeared into the sea with a promise to return. In this story, the magician was tranformed into the image of Kukulcan.

PESCADO MAGICO: Los Mayas creían en la serpiente emplumada, el dios del aire y del agua "Kukulcan" (también llamado Quetzalcóatl, en otras culturas) reinaba en la tierra en forma de hombre. Él era el dios del viento y del rayo, el vino del mar y también desapareció en el mar con la promesa de regresar.

STONE CREATURES: The Mayans set statues of carved stone creatures up around their cities to serve as guardians. They believed that the creatures came to life after dark.

CRIATURAS DE PIEDRA: Los mayas colocaban estatuas de criaturas de piedra tallada en torno a sus ciudades para servir como guardianes. Ellos creían que las criaturas cobraban vida después del anochecer.

Aunque "Miguel y el Pescado Mágico" es una historia original, esta contiene elementos de la mitología Maya. La explicación de estos elementos sigue abajo:

PYRAMIDS: Mayans used pyramids for ceremonial purposes. These pyramids had intricate carvings, stairs, and a top platform with a small structure that was associated with a particular god. They were made from stone blocks sealed with a lime mortar. Pyramids were also erected to serve as tombs for powerful rulers.

PIRAMIDES: Los Mayas usaban pirámides para motivos ceremoniales. Estas pirámides tenían tallados intricados, escaleras, y una plataforma superior con una estructura pequeña que estaba asociada a un dios en particular. Eran hechas de bloques de piedra selladas con mortero de cal. Pirámides también eran erectas para servir como tumbas para los poderosos gobernantes.

JAGUAR: Jaguars were sacred in Mayan culture, and became the symbol of the ruling families. The jaguar is considered a spirit guide by Mayan shamans, and is said to possess the magic ability to move between the two separate worlds of daytime and nighttime.

JAGUAR: Los jaguares eran sagrados en la cultura Maya, y se convirtieron en símbolos de las familias que reinaban. El jaguar es considerado un guía espiritual para los chamanes Maya. Se dice que los jaguares tienen la habilidad mágica de moverse entre los dos mundos separados del de la noche y del día.

*More information about Mayan mythology can be found in the Popol Vuh, or 'Book of the Council', which contains Quichean creation stories and the adventures of the Hero Twins, Hunahpu and Xbalanque.*

*Más información sobre la mitología Maya puede encontrarse en el Popol Vuh, o Libro del Consejo", el cual contiene historias de la creación Quiche y las aventuras de los gemelos héroes, Hunahpu and Xbalanque.*

**Lisa West** is a writer and photographer with a degree in Honors Studies from Butte College. Her area of personal study is fairytales and folklore, and she became fascinated with Mayan culture on a trip to Yucatan, Mexico in 1987. She currently resides in Chico, California.

**Lisa West** es escritora y fotógrafa titulada en Estudios Honorarios de Butte College; su área de estudio personal es el folklore y cuentos de hadas. Ella se fascinó con la cultura Maya en un viaje a Yucatán, México en 1987. Ella actualmente vive en Chico, California.

**Theda DeRamus** attended Colombus College of Art & Design in Colombus, Ohio. She was a costume designer for theater & film for many years, a landscape designer, and art instructor. She currently resides in Oregon, painting mainly with pastels and occasionally acrylics and collage.

**Theda DeRamus** hizo sus estudios en Columbus College of Art & Design en Columbus, Ohio. Ella fue diseñadora de vestuario para teatro y cine por muchos años, también es diseñadora panorámica y instructora de arte. Ella actualmente reside en Oregon, pinta principalmente al pastel pero ocasionalmente usa los acrílicos y collages.

**Rocío Guido** was born in Mexico City. In her youth, she came to the United States and earned a BA in sociology. She later became interested in sociolinguistics which motivated her to attain her MA degree in Teaching International Languages and Cultures, both at CSU Chico. Her interest is learning about the diverse indigenous cultures in Mexico. She currently resides in Chico, California.

**Rocío Guido** nació en la ciudad de México pero en su juventud se mudó a los Estados Unidos y obtuvo una licenciatura en sociología. Más tarde ella se interesó por la sociolingüística lo cual la motivo a adquirir una maestría en la Enseñanza de Idiomas y Culturas Internacionales en la Universidad del Estado de California, Chico. Su interés es aprender sobre la diversidad de las culturas indígenas en México. Ella actualmente vive en Chico, California.

*Acknowledgements / Agradecimientos:*
*There are many people who had a hand in helping this book come to life. Our friends and family are first and foremost. Others who deserve mention are: Jeanette E. Aquilar, Mireya Novo, Ryne Johnson and the Chico Project, and Sarah Anderson, PhD. We extend our humble thanks for all you have done.*
*Hay mucha gente que ayudaron con la creación de este libro. Principalmente quisieramos agradecer a nuestros amigos y familias. Además nos gustaría agradecer a: Jeanette E. Aquilar, Mireya Novo, Ryne Johnson y the Chico Project, y Sarah Anderson, PhD. Muchas gracias por brindarnos su apoyo.*

Made in the USA
Charleston, SC
22 March 2014